AF311951

CATALOGUE

D'UN

CHOIX DE LIVRES ANCIENS

DONT LA VENTE AURA LIEU

Le Mercredi 31 Mars 1875, à 7 heures 1/2 du soir

Rue des Bons-Enfants, 28, maison Sylvestre

SALLE N° 1

Par le ministère de M⁰ DELBERGUE-CORMONT, commissaire-priseur

RUE DE PROVENCE, 8

Bible. 8 vol. gr. in-8°, 650 figures ajoutées. — Heures sur vélin. — Maximes de La Rochefoucauld. 6ᵉ édition. — Musée des Antiques, par Bouillon. — Les Châteaux de France. In-fol. mar. — Du Bellay, 1569. — Roman de la Rose. 4 vol. grand papier. — Boileau, 1718. 2 vol. in-fol. mar. r. — MOLIÈRE, LES FEMMES SÇAVANTES, édition originale. — Turcaret, édition originale. — Crébillon, Figures de Marillier avant la lettre et eaux-fortes. — Boccace. 5 vol. — Rollin. 14 vol., exemplaire de Mirabeau. — Denderah, par Mariette. 5 vol. in-fol. — Vitæ summorum pontificum. 2 vol. in-fol. mar., exemplaire de dédicace. — Régiments d'infanterie, par du Roussel. — Réimpression de l'ancien Moniteur, etc.

PARIS

ADOLPHE LABITTE

LIBRAIRE DE LA BIBLIOTHÈQUE NATIONALE

4, RUE DE LILLE, 4

—

1875

CATALOGUE

CHOIX DE LIVRES ANCIENS

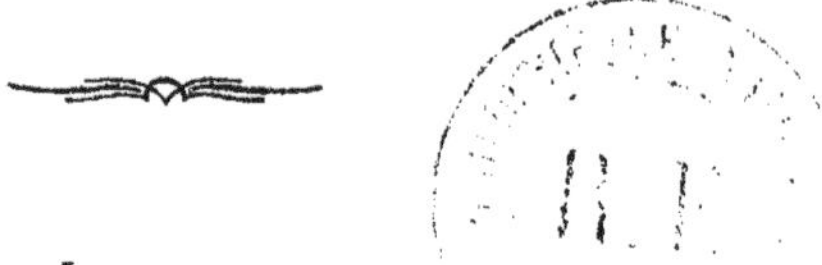

THÉOLOGIE.

1. La Sainte Bible, trad. sur le latin de la Vulgate, par M. Le Maistre de Sacy pour l'Ancien Testament, et par le P. Lallement pour le Nouveau Testament, accompagnée de nombreuses notes explicatives par l'abbé Delaunay. *Paris, Curmer*, 1857, 5 tomes en 8 vol. gr. in-8, fig. cart. n. rogn.

Ouvrage orné de la jolie suite de *figures sur chine et avant la lettre* de l'édition de Curmer. On y a ajouté ensuite environ 650 figures de diverses suites et un grand nombre de sujets des grands maîtres de diverses écoles gravées par les premiers artistes ; le grand nombre des gravures ajoutées a nécessité de cartonner l'ouvrage en 8 volumes. On y a ajouté également un recueil d'environ 60 gravures, en un carton que le temps n'a pas permis à l'amateur de classer, et qui pourront toujours être intercalées, l'ouvrage n'étant nullement rogné. On peut considérer cet exemplaire comme unique.

2. Le Nouveau Testament en latin et en français, traduit par Sacy. — Edition ornée de figures gravées sur les dessins de Moreau le jeune. *De l'imprim. de Didot jeune, à Paris, Saugrain*, 1793, 5 vol. gr. in-8, figures, dem.-rel. dos et coins de mar. br. tête dor. non rog.

Dans cet exemplaire, le papier vélin et le papier fin vergé sont mélangés.

3. Icones biblicæ, præcipuas sacræ Scripturæ historias eleganter et graphice repræsentantes. Biblische figuren..... durch Matth. Merian. *Straszburg, Lazari Zekners* (1625), in-4 obl. nombr. figures,

v. br. (*Piqûres de vers et raccommodages, titre doublé.*)

4. HORE DIVE VIRGINIS MARIÆ secundum verum usum Romanum..... (In fine :) *Impressum Parisiis, anno millesimo quingentesimo quinto, XII kalendas februarii, opera Thielman Kerver*..... in-8, lettres rondes, figures et encadrements grav. sur bois, chagr. noir.

Bel exemplaire IMPRIMÉ SUR VÉLIN, grand de marges.

5. HEURES A LUSAIGE DE ROME tout au long sans riens requerir. Avec les figures de l'Apocalypse et plusieurs autres figures (A la fin :)..... *Imprimées à Paris, par Gilles Hardouyn*..... *s. d.*, in-8, caract. goth. nombr. figures et encadrements gr. sur bois, rel. en bois recouv. de v. br. fers à froid.

Exemplaire *imprimé sur vélin*, grand de marges ; mais on a enlevé la gravure du milieu du titre. Quelques taches.

6. L'Imitation de Jésus-Christ, traduite par le R. P. de Gonnelieu. *Paris, Le Fuel*, 1823, gr. in-8, figures de Devéria, dem.-rel. chagr. noir, non rog.

Exemplaire en grand papier vélin, avec des doubles épreuves des figures sur papier de Chine.

7. De la Connoissance de Dieu et de soi-même, ouvrage posthume de messire Jacq.-Bénigne Bossuet. *Paris, v*ve *Alix*, 1741, in-12, mar. brun, jansén. dent. int. tr. dor. (*Cuzin.*)

Première édition. Bel exemplaire, grand de marges. Sur la garde se trouve un *ex-dono* autographe de M. DE BONALD.

8. Des Titres primitifs de la révélation, ou considérations critiques sur la pureté et l'intégrité du texte original des livres saints de l'Ancien Testament..... par le R. P. Gabriel Fabricy, *Rome, Pierre Durand*, 1772, 2 vol. gr. in-8, cart.

9. Démonstration chrestienne et religieuse du Purgatoire, revue et approuvée de tout temps par

la saincte Eglise de Jesus-Christ, aux Philalèthes. Par F. André Adeo-datus Naurois..... confesseur de.... madame Marie-Jeanne de Bourbon, abbesse des Réformez, monastères de Saincte-Croix à Poictiers..... *Imprimé à Poictiers, et Paris, Guill. Chaudière,* 1579, pet. in-8 carré, parch. (*Quelques piqûres d'humidité.*)

10. La Doctrine de l'Eglise sur la défense de l'entrée au dedans des balustres des autels.... par Mre Jean Filleau. *Poictiers, Ant. Mesnier,* 1648, in-8, parch.

11. Toilette de M. l'archevesque de Sens, ou réponse au factum des filles Saincte-Catherine lès Provins contre les pères Cordeliers (par Jean Burluguay). *S. l.,* 1669, in-12, br. non rog.

Exemplaire en grand papier.

12. L'Honneur des dames souveraines de la chrestienté, la mère et l'épouse de Dieu, défendu contre l'injure d'un ministre, par F. Matthieu Le Heurt. *Poictiers, Ant. Mesnier, s. d.* (vers 1607), pet. in-8, parch. (*Mouillures, piqûre de ver et légère déchirure au titre.*)

SCIENCES ET ARTS.

---

13. Le Manuel d'Epictète, et les commentaires de Simplicius, traduits en françois avec des remarques par M. Dacier. *Paris, J.-B. Coignard,* 1715. 2 vol. in-12, mar. vert, fil. dos orné, tr. dor.

Aux armes de madame VICTOIRE DE FRANCE, fille de Louis XV, avec l'écusson de sa bibliothèque à l'intérieur des volumes.

14. LA BRUYÈRE. Les Caractères de Théophraste, traduits en grec, avec les Caractères ou les mœurs

de ce siècle. Sixième édition. *Paris, Michallet*, 1691, in-12, mar. brun, dos orné, 3 fil. tr. dor. (*Cuzin. Dorure de Wampfleed.*)

Très-bel exemplaire, grand de marges.

15. RÉFLEXIONS ou sentences morales (par le duc de La Rochefoucauld). Sixième édition, augmentée. *Paris, Barbin*, 1693, in-12, mar. roug. dos orné, 3 fil. tr. dor. (*Thibaron.*)

Cette édition est augmentée de 50 maximes inédites et du discours sur les réflexions, qui n'avait paru que dans la 1re édition.
Bel exemplaire, grand de marges.

16. Education des filles, par monsieur l'abbé de Fénelon. *Paris, Pierre Aubouin*, 1687, in-12, titre rouge et noir, mar. la Vall. foncé, jansén. dent. intér. tr. dor. (*Cuzin.*)

Édition originale. Bel exemplaire grand de marges.

17. Trois Traitez de la philosophie naturelle, non encore imprimez, savoir : Le Secret Livre.... d'Artephius, traitant de l'art occulte et transmutation métallique... Les Figures hiérogliphiques de Nicolas Flamel.... ensemble le Vray Livre de Synesius.... Le tout traduit par P. Arnauld. *Paris, Guill. Marette*, 1612, pet. in-4, figures sur bois, parch. (*Ratures à l'encre.*)

18. Le Ciel des philosophes, où sont contenuz les secretz de nature et comme l'homme se peult tenir en santé et longuement vivre, composé par Phelippe Ulstade, extraict des livres de Arnould de Villeneufve, du grand Albert, Raymont Lulle.... de nouveau traduict de latin en françois. *On les vend à Paris, par Vivant Gaultherot*, 1550, pet. in-8, fig. sur bois, parch.

Ouvrage peu commun.

19. L'Art militaire françois pour l'infanterie, contenant l'exercice et le maniement des armes, tant des officiers que des soldats, représenté par des figures en taille-douce d'après nature.... dédié à

M. le mareschal duc de Boufflers. *Paris, Pierre Giffart,* 1696, pet. in-8, frontisp. et nombr. figures, v. m. (*Le frontispice est remonté.*)

20. La Connoissance des pavillons, ou bannières, que la plupart des nations arborent en mer.... *La Haye, Jaques Van den Kieboom,* 1737, in-4, avec 90 planches, v. m.

21. De la Charge des gouverneurs des places, par messire Antoine de Ville.... *Amsterdam, Abr. Wolfgang,* 1674, in-12, fig. v. br.

22. Traicté des manières de graver en taille-douce sur l'airain, par le moyen des eaux-fortes, et des vernis durs et mols; ensemble la façon d'en imprimer les planches.... par A. Bosse, graveur. *Paris, chez Bosse,* 1645, in-8, frontisp. gr. et figures, v. br. (*Mouillures.*)

23. Musée des antiques, dessiné et gravé par P. Bouillon, peintre, avec des notices explicatives, par J.-B. de Saint-Victor. *Paris, de l'impr. de P. Didot l'aîné; s. d.,* 3 vol. gr. in-fol. pap. vél. nombr. figures, dem.-rel. mar. r. non rogn. (*Quelques piqûres jaunes d'humidité.*)

24. Recueil de planches gravées par Israel Silvestre, Séb. Le Clerc et autres, représentant des châteaux et maisons royales de France, avec les plans, coupes, etc.... 1676 à 1679, gr. in-fol. mar. r. fil. dos et coins ornés, tr. dor. (*Aux armes de Louis XIV et à son chiffre.*)

Bel ouvrage, contenant 45 grandes planches.

25. Il Costume antico e moderno, ovvero storia del governo, della milizia, della religione, delle arti, scienze ed usanze di tutti i popoli antichi e moderni provata coi monumenti dell'antichità, e rappresentata con analoghi disegni dal dottore Giulio Ferrario. *Napoli,* 1831-1842, 21 vol. in-12, cartes et fig. color. cart.

26. Emblemata Andreæ Alciati. *Lugduni, apud Gulielm. Rovillium*, 1548, in-8, figures et encadrements grav. sur bois, demi-rel.

27. Promenade ou itinéraire des jardins d'Ermenonville (par M. de Girardin fils aîné); auquel on a joint vingt-cinq de leurs principales vues dessinées et gravées par Mérigot fils. *Paris, Mérigot*, 1788, gr. in-8, figures cart.

28. Promenades ou itinéraire des jardins de Chantilly, orné d'un plan et de vingt estampes.... dessinées et gravées par Mérigot. *Paris, Desenne*, 1791, gr. in-8, figures, cart.

29. Livre-journal de Lazare Duvaux, marchand-bijoutier ordinaire du Roy, 1748-1758, précédé d'une étude sur le goût et sur le commerce des objets d'art au milieu du xviiie siècle..... *Paris, pour la Société des bibliophiles françois*, 1873, 2 vol. gr. in-8, pap. vergé, frontisp. gr. br.

BELLES-LETTRES.

POÉSIES.

30. Quinti Calabri prætermissorum ab Homero libri XIV, græce, cum versione latina et integris emendationibus Laurentii Rhodomanni, et adnotamentis selectis Claudii Dausqueji, curante Joanne Cornelio de Pauw. *Lugduni Batavorum, apud Joan. Van Abcoude*, 1734, in-8, mar. bleu, dent. dos orné, à petits fers, doublé de toile, tr. dor. (*Bozérian.*)

31. Opus Merlini Cocaii poetæ mantuani Macaroni-
corum.... (autore Theoph. Folengo). *Amstelo-
dami, apud Abr. à Someren,* 1692, pet. in-8, portrait et figures, v. r. gaufré, fil. dos orné.

Exemplaire NON ROGNÉ.

32. Fabliaux ou contes, fables et romans du XIIe et
du XIIIe siècle, traduits ou extraits par Legrand
d'Aussy. Troisième édition, considérablement
augmentée. *Paris, Jules Renouard,* 1829, 5 vol.
gr. in-8, figures, demi-rel. dos et coins de mar.
r. fil. dos orné, tr. sup. dor. non rogn.

Figures de Moreau.

33. Le Roman de la Rose, par Guillaume de Lor-
ris et Jehan de Meung. Nouvelle édition, revue
et corrigée sur les meilleurs et plus anciens manuscrits, par M. Méon. *Paris, impr. de P. Didot
l'aîné,* 1814, 4 vol. gr. in-8, figures, dem.-rel. dos
et coins de mar. or. tr. sup. dor. non rog.

Bel exemplaire en grand papier vélin.

34. Cent cinq Rondeaulx d'amour, publiés d'après
un manuscrit du commencement du XVe siècle,
par Edwin Tross. *Paris, Tross, impr. de L. Perrin, à Lyon,* 1863, in 8, réglé, avec fac-simile, br.

Tiré à 250 exemplaires.

35. Les OEuvres françoises de Joachim Du-Bellay...
reveuës et de nouveau augmentées de plusieurs
poésies non encores auparavant imprimées. *Paris, de l'impr. de Frédéric Morel,* 1569, in-8,
mar. r. fil. à froid, tr. dor. (*Duru.*)

Première édition de la réunion des diverses pièces de J. du Bellay, avec
une pagination distincte pour chacune.
Bel exemplaire.

36. De la Collection des anciens poëtes françois
publiée par Coustelier. *Paris, de l'impr. d'Ant.
Urb. Coustelier,* 1723-24, 8 vol. pet. in-8;
bas fil.

OEuvres de Villon. 1723, 1 vol. — La Farce de Pathelin. 1723, 1 vol. —
Légende de Pierre Faifeu. 1723, 1 vol. — OEuvres de Jean Marot. 1723,

1 vol. — Poésies de Guill. Coquillart, 1723, 1 vol. — Poésies de Guill. Cretin. 1723, 1 vol. — Poésies de Martial. 1724, 2 vol.

37. Le Premier Livre du Labyrinthe d'amour, ou suite des muses folastres recherchée des plus beaux esprits de ce temps, par H. F. J. D. C. *Rouen, Claude Le Villain*, 1615, in-12, br.

Réimpression faite à Bruxelles par A. Mertens, en 1863, et tirée à 106 exemplaires seulement. N° 60.

38. Le Banquet des Muses, ou recueil de toutes les satyres, yambes, mascarades, panégyriques, épitaphes, épithalames, épigrames, gayetez, amourettes et autres poëmes prophanes du sieur Auvray. *Rouen, David Ferrand*, 1623, in-12, br.

Réimpression faite à Bruxelles par A. Mertens, en 1865, et tirée à 106 exemplaires seulement. N° 43.

39. Les Ouvrages poétiques du sieur Dalibray, divisés en vers bachiques, satyriques, héroïques, amoureux, moraux et chrestiens. *Paris, J. Guignard*, 1653, pet. in-8, mar. r. jans. dent. int. tr. dor. (*Cuzin.*)

Joli exempl. des œuvres complètes de ce poëte estimé.

40. Boileau-Despréaux. Satires du sieur D***. Seconde édition. *Paris, Billaine*, 1667 (7 satires). — Satires du sieur D***, quatrième édition. *Paris, Billaine*, 1668 (satire 8), 2 pag. en 1 vol. pet. in-12, mar. or. jans. tr. dor. (*Thibaron.*)

La 2e partie contient l'édition originale de la satire 8 sur l'homme.

41. OEuvres diverses du sieur D*** (Boileau-Despreaux), avec le traité du Sublime ou du merveilleux dans le discours, trad. du grec de Longin. *Paris, Denis Thierry*, 1678, in-12, v. br.

42. OEuvres de Nicolas Boileau-Despréaux, avec des éclaircissements historiques donnez par lui-méme; nouvelle édition revue, corrigée et augmentée de diverses remarques (par Cl. Brosselte et du Monteil). *Amsterdam, David Mortier*, 1718,

2 vol. in-fol. frontisp. et figures de Bernard Pi-
cart, mar. r. fil. dos orné, tr. dor. (*Rel. anc.*)

Bel exemplaire en très-bonnes épreuves, et orné d'une reliure fraîche et
bien conservée.

43. Nouveau Recueil de diverse (*sic*) poésies du che-
vallier d'Aceilly. *Paris, Brunet,* 1671, pet. in-12,
mar. v. jans. dent. intér. tr. dor. (*Cuzin.*)

C'est la même édition que celle de 1667, avec un nouveau titre.

44. Le Poëte sans fard, discours satiriques en
vers (par Gacon). *Cologne, chez Corneille Egmont,*
1697, in-12, frontisp. gr. br.

45. Odes de M. D*** (Houdart de la Motte), avec un
discours sur la poésie en général et sur l'ode
en particulier. *Paris, Grégoire Dupuis,* 1707,
in-12, v. br.

47. La Déclamation théâtrale, poëme didactique en
quatre chants, précédé d'un discours et de no-
tions historiques sur la danse (par Doral). *Paris,
Sébast. Jarry,* 1767, in-8, frontisp. et 4 figures
d'Eisen, v. m.

48. Amusemens poétiques, par M. Légier. *Londres
et Orléans, chez Couret de Villeneuve,* 1769,
in-8, br.

Exemplaire en grand papier, c'est-à-dire in-18 tiré in-8.

49. Le Roué vertueux, poëme en prose en quatre
chants (par Coqueley de Chaussepierre). *A. Lau-
zanne (Paris),* 1770, gr. in-8, figures, cart. non
rogn.

50. Les Saisons, poëme (par de Saint-Lambert).
Amsterdam, 1775, gr. in-8, frontisp. et figures
de Moreau, vignettes par Choffard, v. éc. fil. tr.
dor.

Exemplaire en grand papier. Très-bonnes épreuves.

51. Journée de l'amour, ou heures de Cythère (par
la comtesse de Turpin, Guillard, Favart et l'abbé

de Voisenon). *A Gnide (Paris)*, 1776, pet. in-8, figures de Taunay, mar. or. jans. dent. intér. tr. dor. (*Cuzin.*)

52. Recueil. — Journée de l'amour, ou heures de Cythère (par la comtesse de Turpin, Guillard, Favart et l'abbé de Voisenon). *A. Gnide (Paris)*, 1776, figures de Taunay. — Le Caleçon des coquettes du jour (en vers). *La Haye*, 1763. — L'Eventail, poëme en quatre chants, par M. Milon, de Liége. *Paris*, et *Liége, chez Lemarié*, 1782; — en 1 vol. in 8, bas.

53. Etrennes à la vérité, ou almanach des aristocrates, pour la présente année, seconde de la Liberté, 1790. *Spa, chez Clairvoyant*, in-8, avec 2 frontisp. ajoutés, br.

54. Etrennes lyriques, anacréontiques. Année 1793 (recueil de pièces en vers, publié par Cholet de Jetphort). *Paris*, 1793, in-18, figure, br.

55. Narcisse dans l'isle de Vénus, poëme en IV chants (par Malfilâtre). *Paris, Chaigneau*, 1797. — Le Jugement de Pâris, poëme en IV chants, par Imbert, 1797, in-18, frontisp. et figures de Saint-Aubin, Moreau et Eisen, v. gran. fil. tr. dor.

56. La Gastronomie, poëme, par J. Berchoux, suivi des poésies fugitives de l'auteur. Quatrième édition, augmentée. *Paris, Giguet et Michaud*, 1805-an XIII, in-18, pap. vél. figures, v. gran. lil.

57. Les Fleurs, idylles morales, suivies de poésies diverses, par E. Constant Dubos. *Paris, Léop. Collin*, 1808, in-8, frontisp. gr. musique, bas.

58. Les Contes rémois de M. le comte de C. (de Chevigné), dessins de E. Meissonier. Troisième édition. *Paris, Mich. Lévy*, 1858, gr. in-12, fig.

en tête, demi-rel. dos et coins de mar. or. tr. sup.
dor. non rog. (*Capé*.)

Jolie édition, contenant le premier tirage des figures de Meissonier.

59. Thomas Moore. Paradise and the Peri. *London,
Day and son*, 1 vol. gr. in-4, v. f. gaufré, reliure
à biseaux (imitant une reliure en bois).

Ouvrage magnifique entièrement imprimé en chromolithographie et couleurs, orné de 54 planches hors texte et pages avec encadrements variés. (Imprimé sur papier bristol, publié à 14 livres, 350 fr.)

60. Orlando furioso di Lodovico Ariosto. *In Parigi, appresso Fantin*, 1803-1804, 4 vol. in-4,
portrait, figures d'Eisen, v. rac. dent. tr. dor.

Bel exemplaire.

61. Roland furieux, poëme héroïque de l'Arioste,
traduction nouvelle, par M. Dussieux. *Paris*,
Brunet, 1775-1783, 4 vol. gr. in-8, portr. gr.
par Fiquet, figures de Cochin, Moreau, Eisen,
etc... v. rac.

Exemplaire en grand papier. Quelques mouillures.

62. La Gerusalemme liberata di Torquato Tasso.
In Parigi, appresso Bossange, Masson e Besson,
1792, 2 vol. in-4, frontisp. et fig. de Gravelot,
v. rac. dent. tr. dor.

THÉATRE.

63. OEUVRES DE RACINE. *Suivant la copie imprimee
à Paris (Amsterdam Wolfgang, au Quærendo)*,
1682, 2 vol. pet. in-12, figures, mar. r. jans.
dent. intér. tr. dor. (*Cuzin*.)

Bel exemplaire de cette jolie édition.

64. OEuvres complètes de Jean Racine. *Paris, de
l'impr. de Didot jeune, chez Deterville*, an IV,
1796, 4 vol. gr. in-8, portr. avant la lettre, fig.

de Le Barbier, mar. r. fil. tr. dor. (*Rel. du temps.*)

Exemplaire en papier vélin, avec épreuves avant la lettre.

65. LES FEMMES SÇAVANTES, comédie, par J.-B. P. Molière. *Et se vend pour l'autheur, à Paris, au Palais, et chez Pierre Promé*, 1673, in-12, bas.

ÉDITION ORIGINALE. Exemplaire grand de marges.

66. OEuvres de Molière. Nouvelle édition, augmentée de la Vie de l'auteur et de remarques historiques et critiques par M. de Voltaire. *Amsterdam et Leipzig, chez Arkstée et Merkus*, 1765, 6 vol. pet. in-12, portrait et figures de Punt, demi-rel. dos et coins de mar. citr. tr. sup. dor. non rog. (*Petit.*)

Bel exemplaire.

67. TURCARET, comédie, par M. Le Sage. *Paris, P. Ribou*, 1709, mar. r. fil. dos orné, tr. dor. (*Thibaron.*)

Édition originale.

68. La Femme docteur, ou la Théologie tombée en quenouille, comédie (par le P. Bougeant, jésuite). *A Douai, chez J.-Fr. Roujol*, 1731, pet. in-8, figure ajoutée, v. f. fil. non rog. (*Bauzonnet.*)

Timbre sur le titre.

69. OEuvres complettes de Crébillon. *Paris, chez les libraires associés*, 1785, 3 vol. gr. in-8, front. gravé, portrait d'après de La Tour, dessiné par Marillier, gravé par Ingouf, figures de Marillier, grav. par plusieurs artistes, mar. bleu, large dent. dos orné, doubl. de mar. r. dent. garde de tabis jaune, tr. dor. (*Rel. anc.*)

Bel exemplaire en grand papier, avec une double suite, avant et avec la lettre, du portrait et des figures. Très-bonnes épreuves.

ROMANS.

70. La Ruelle mal assortie, ou Entretiens amoureux d'une dame éloquente avec un cavalier gascon plus beau de corps que d'esprit.... par Marguerite de Valois. *Paris, Aug. Aubry*, 1855, pet.
in-8, cart. en percal. non rog.

Tiré à 180 exemplaires.

71. La Ruelle mal assortie..... *Paris, Aug. Aubry*,
1855, in-8, cart. en percal. non rog.

72. Histoire amoureuse des Gaules (par Bussy-
Rabutin). *A Liége (avec la croix de Malte), s. d.*,
pet. in-12 de 190 et 69 pages plus 3 pour la
clef, mar. bleu jans. dent intér. tr. dor. (*Thibaron.*)

Joli exemplaire, grand de marges, de cette édition peu commune; avec
une clef des noms propres, formant 3 pages.

73. OEuvres du comte Antoine Hamilton. *Paris,
Aug.-Ant. Renouard*, 1812, 3 vol. in-8, portraits
par Saint-Aubin, br.

Exemplaire avec doubles épreuves des portraits, sur papier de Chine.

74. Lettres d'une Péruvienne (par madame de
Graffigny). *A Peine, s. d.*, pet. in-12, v m. dos
et coins ornés.

Sur les coins des plats se trouvent des aigles.

75. Le Paysan gentilhomme, ou Avantures de
M. Ransav, avec son Voyage aux isles jumelles,
par M. de Catalde. *Paris, Prault*, 1737, 2 part. en
1 vol. in-12, v. f. fil. dos orné.

Aux armes de MADAME DE POMPADOUR.

76. Silvie (roman pastoral, par Ch.-Henri Watelet).
Londres, 1743, pet. in-8, avec frontisp. gr. et
figures, demi-rel. chag. v.

77. Lettres amoureuses de la dame Lescombat et
du sieur Mongeot, ou l'histoire de leurs criminels amours. *La Haye et Paris, Cailleau*, 1755,

portrait. — La mort de Lescombat, tragédie. *La Haye, P. Van der Aa*, 1755, grande figure; — en 1 vol. in-12, v. m. fil.

78. Les Amours de Mirtil. *Constantinople*, 1761, pet. in-8, titre gravé, figures de Gravelot, v. écaille. fil.

79. Endymion, conte comique (imité de Wieland, par d'Ussieux). *Copenhague, et Paris, Fétil*, 1771, in-8, frontisp. gr. v. m. (*Rare.*)

80. Recueil. — L'Abailard supposé, ou le Sentiment à l'épreuve (par la comtesse de Beauharnois). *Amsterdam, et Paris, Gueffier*, 1780. — Nouveaux Mélanges de poésies grecques..... *Amsterdam, et Paris*, 1779. — Idylles de St-Cyr..... *Amsterdam, et Paris*, 1771, frontisp. gr. — Ma Philosophie (pièce en vers, par Dorat). *La Haye et Paris, Delalain*, 1771, figure et vign. de Marillier; — en 1 vol. in-8, demi-rel.

81. Tarsis et Zélie (par Le Vayer de Boutigny). *Paris, Musier fils*, 1774, 3 tomes en 6 vol. in-8, figures de Cochin et vignettes d'Eisen en tête des chapitres, v. éc. fil. tr. dor.

Exemplaire en papier fort. Très-bonnes épreuves.

82. Les Egarements de l'amour, ou lettres de Fanéli et de Milfort, par M. Imbert. *Amsterdam, et Paris, Delalain*, 1776, 2 vol. in-8, fig. de Moreau, demi-rel. bas.

83. Le Gazetier cuirassé, ou anecdotes scandaleuses de la Cour de France..... auxquelles on a ajouté des remarques historiques et anecdotes sur le château de la Bastille et de l'inquisition de France.... (par Théveneau de Morande). *S. l., imprimé à cent lieues de la Bastille*, 1777, in-12, frontisp. gr. et plan de la Bastille, cart. non rog.

84. Les Equipées de l'amour, ou les aventures d'Abar-Tucdoc, histoire très-morale et de tous les

temps. *A Cosmopolis, et se trouve à Paris, chez Guillot,* 1783, pet. in-8, br.

85. Le Diable dans un bénitier, et la métamorphose du Gazetier cuirassé en mouche.... par Pierre Le Roux (masque du marquis de Pellepore). *Paris, de l'Impr. royale, s. d.,* 1734, in-8, figure, cart. non rog.

Exemplaire avec une *clef* des noms, écrite au crayon sur les marges.

86. Les Aventures de Télémaque, fils d'Ulysse, par M. de Fénelon. *Paris, impr. de Monsieur,* 1790, 2 vol. gr. in-8, beau portr. gravé par Hubert, figures, v. gran. dent. dos orné, tr. dor.

Bel exemplaire en grand papier vélin, avec figures avant la lettre. Les figures sont de Marillier.

87. Le Prince des Aigues-Marines et le Prince invisible, contes (par madame Lévêque). *Paris, Coustelier, s. d.,* in-12, figures de Cochin, br.

88. Le Temple de Gnide, — Arsace et Isménie (par Montesquieu). *Paris, Didot jeune, an III,* in-18, figures de Regnault, mar. bleu, dent. dos orné, tr. dor. (*Bozérian.*)

Exemplaire en papier vélin, figures avant la lettre. Quelques taches.

89. Giovani Boccaccio. Il Decamerone. *Londra,* 1757, 5 vol. rel. pl. mar. r. plats à la *du Seuil,* dos orné, dent. int. non rog. (*Belz-Niedrée.*)

Très-bel exemplaire relié sur brochure; les figures de Gravelot ont été coloriées.

90. Les Aventures de don Juan de Vargas, racontées par lui-même, traduites de l'espagnol sur le manuscrit inédit, par Charles Navarin. *Paris, P. Jannet,* 1853, in-16, cart. en percal. non rog. (*De la Bibliothèque elzévirienne.*)

91. OEuvres complètes de Gessner. *S. l. n. d.* (*Cazin*), 3 vol. in-18, portrait, frontispice différent à chaque vol. grav. par Delvaux d'après Marillier, v. éc. fil. tr. dor.

FACÉTIES.

92. Joannis Meursii Elegantiæ latini sermonis, seu Aloisia Sigæa Toletana, de Arcanis Amoris et Veneris. Adjunctis fragmentis quibusdam eroticis. *Lugduni Batavorum, ex typis Elzevirianis. Parisiis, Barbou,* 1774, 2 part. en 1 vol. pet. in-8, frontisp. gr. v. m.

93. Recueil de facéties réimprimées, vers 1810, en 1 vol. in-8, br. non rog.

Ce recueil contient : Le Cocu consolateur (par P.-S. Caron). — Sermon d'un Cordelier à des voleurs. — Sermon pour la consolation des cocus (sans titre). — Sermon du curé de Colignac, le jour des Rois. — Exorde du sermon du R. P. gardien des Capucins. — Sermon prononcé par le R. P. Zorobabel-Esprit-Tinc-Hebraye. — Sermon de Bacchus. — Contrat de mariage pour faire rire garçons et filles, entre Jean Couché-Debout... avec Jacqueline Doucette...

94. L'Espadon satyrique, par le sieur d'Esternod. Réimpression faite sur l'édition de Lyon, 1626, collationnée et complétée sur les autres éditions du même ouvrage, et augmentée d'un avant-propos. *Bruxelles, impr. de A. Martens,* 1863, in-12, br.

Tiré à 102 exemplaires seulement. N° 52.

95. Eloge de l'Ivresse (par de Sallengre). Nouvelle édition, augmentée. *A Bacchopolis, et à Paris, chez Michel, an VI,* in-12, frontisp. gr. cart. non rog.

96. Pogonologie, ou Histoire philosophique de la barbe, par M. J. A. D. (Dulaure). *A Constantinople, et se trouve à Paris, chez Le Jay,* 1786, in-12, frontisp. gr. cart. non rog.

Quelques taches.

97. Arlequin au Museum. *Paris, Gauthier,* 1806, in-18, fig. sur le titre, demi-rel. v. f.

98. L'Hôtel des haricots, maison d'arrêt de la garde nationale de Paris, par Albert de Lasalle; 70 des-

sins par Edmond Morin. *Paris, Dentu, s. d.*,
in-8, figures, br. (*Troisième édition.*)

99. L'Hôtel des haricots.... cinquième édition.
Paris, Dentu, s. d., in-8, br.

POLYGRAPHES.

100. Amitiez, Amours et Amourettes, par M. Le
Pays. *Paris, Ch. de Sercy*, 1665, in-12, frontisp.
gr. demi-rel. mar. vert.

101. OEuvres galantes de M. Cotin, tant en vers
qu'en prose... seconde édition, augmentée. *Paris,
Est. Loyson*, 1665, 2 vol. in-12, frontisp. gr. à
chacun, mar. r. jansén. dent. intér. tr. dor. (*Cuzin.*)
Bel exemplaire.

102. OEuvres meslées de M. de Saint-Evremont.
Paris, Cl. Barbin, 1692, 4 vol. in-12, v. br.

103. Lettres nouvelles de monsieur Boursault,
accompagnées de fables et de contes..... *Lyon,
Louis Bruyset*, 1709, 2 vol. in-12, v. br.

104. OEuvres de l'abbé de Saint-Réal. Nouvelle
édition, revue et augmentée. *La Haye, Alex. de
Rogissart*, 1726, 3 vol. in-12, figures, v. f. fil.
dos orné. (*Rel. anc.*)

105. OEuvres complètes de J.-J. Rousseau, revues
par M. L. Vergès, avec des notes, éclaircissements historiques, etc..... *Paris, Pourrat frères,*
1838-1839, 25 vol. in-8, br.

106. OEuvres complètes d'Alexis Piron, publiées
par M. Rigoley de Juvigny. *Paris, impr. de
M. Lambert*, 1776, 7 vol. in-8, portrait gravé
par Saint-Aubin, v. gran.

107. OEuvres de M. de Florian. *Paris*, 1784 à
l'an XI, 21 vol. — OEuvres posthumes. *Paris,*
1806, 3 vol. — Vie de Florian, par A.-J. de Rosny.

Paris, 1797, 1 vol. — Ensemble 25 vol. in-18, portr. et nombr. fig. mar. v. fil. dos orné. tr. dor. (*Jolie rel. anc.*)

Bel exemplaire en papier vélin, bien relié.

HISTOIRE.

—

108. Les Voyages de M. Quiclet à Constantinople, par terre, enrichis d'annotations par le sieur P. M. L. (par Promé, libraire). *Paris, Pierre Bienfait*, 1664, pet. in-12, vél.

109. LIBER CRONICARUM, cum figuris et ymaginibus ab inicio mundi usque nunc temporis.... (In fine:) *Impressum ac finitum..... in imperiali urbe Augusta a Joanne Schensperger*, anno 1497, 338 feuillets chiffrés à 2 colonnes, caract. goth. nombreuses figures. — Registrum.... 25 feuillets in-fol. rel. en bois recouv. de peau de truie estampé. (*Piqûres de vers.*)

110. L'Histoire universelle du monde, contenant l'entière description et situation des quatre parties de la terre.... ensemble l'origine et particulières mœurs, loix, coustumes, religion.... divisée en quatre livres, par François de Belle-Forest, Comingeois. *Paris, Gervais Mallot*, 1570, pet. in-4, demi-rel. dos et coins de v. f.

111. HISTOIRE ANCIENNE des Égyptiens, des Carthaginois, des Assyriens, des Babyloniens, des Mèdes et des Perses, des Macédoniens, des Grecs, par M. Rollin. *Paris, v^ve Estienne*, 1731-1738,

13 tomes en 14 vol. in-12, mar. r. fil. dos orné,
tr. dor. (*Jolie rel. anc.*)

Bel exemplaire aux armes de MIRABEAU, sur les plats et sur le dos de la
reliure.

112. DENDERAH, description générale du grand
temple de cette ville, par Auguste Mariette-Bey.
Ouvrage publié sous les auspices de S. A. Ismaïl-
Pacha, khédive d'Egypte. *Paris, libr. A. Franck,
F. Vieweg,* 1870, 4 vol. in-fol. avec planches
sur fond teinté, cart. — Supplément aux planches. *Paris,* 1874, in-fol. cart.

113. Histoire des empereurs romains, avec leurs
portraits.... écrite en latin par Suétone, et traduite en françois par D. B. (de Baudouin). *Paris,
Jérôme Bobin,* 1688, in-12, v. f. fil. dos et coins
ornés.

Édition originale. Aux armes de CAMUS DE PONT-CARRÉ.

114. Funérailles et diverses manières d'ensevelir des
Romains, Grecs, et autres nations, tant anciennes que modernes, descrites par Claude Guichard.
Lyon, Jean de Tournes, 1581, in-4, figures sur
bois, mar. v. fil. dos orné. tr. dor. (*Bonne rel.
anc.*)

Livre peu commun. Exemplaire grand de marges. Quelques taches.

115. VITÆ ET GESTA SUMMORUM PONTIFI-
CUM a Christo Domino usque ad Clementem VIII,
cum eorumdem insignibus, M. Alfonsi Ciaconii
Biacensis ordinis Prædicatorum. *Romæ, apud
Stephanum Paulinum,* 1601, 2 vol. in-fol. avec
de nombr pl. de blasons, mar. r. dent. compart.
dos ornés, tr. dor. (*Rel. du temps.*)

Bel exemplaire de dédicace aux armes du pape CLÉMENT VIII, incrustées
en mosaïque sur le milieu des plats.

Les mêmes armes se retrouvent peintes à la main sur la tranche longitu-
dinale de chaqne volume, avec la tiare pontificale et une bordure composée
de deux branches de laurier entrelacées sur toute la longueur de cette
tranche.

A l'intérieur, tous les blasons sont en or, argent et couleurs. (Quelques
piqûres d'humidité.)

La reliure est belle et très-fraiche. Les coins du dos ont été légèrement et
habilement restaurés.

116. Carte générale de la monarchie françoise, contenant l'histoire militaire depuis Clovis, premier roy chrétien, jusqu'à la quinzième année accomplie du règne de Louis XV..... par Lemau de la Jaisse, présentée au roy le 17 février 1730, mise au jour en 1733. Gr. in-fol. fig. v. m.

117. Histoire d'Eléonor de Guyenne, duchesse d'Aquitaine, contenant ce qui s'est passé de plus mémorable sous les règnes de Louis VII, roi de France, d'Henri II, et Richard Cœur-de-Lion, rois d'Angleterre (par de Larrey). Edition augmentée d'un supplément.... par M*** (Cussac). *Londres, et Paris, Cussac,* 1788, in-8, mar. r. fil. dos et coins fleurdelisés, tr. dor. (*Rel. anc.*)

118. Edict faict par le Roy sur le rachapt des rentes foncières et autres droictz et debvoirs seigneuriaulx, constituez sur les maisons des villes, citez et faulx-bourgs de ce royaume. *Paris, Vinc. Sertenas,* 1553, pet. in-8 de 15 feuillets, non rel.

119. Coppie des lettre et contratz faictz par le Roy ou ses députez, avec les prevost des marchans et eschevins de la ville de Paris, pour l'assurance et garantie des deniers provenant des rachapts des rentes foncières..... *Paris, Vinc. Sertenas,* 1553, pet. in-8 de 54 pages, non rel.

120. Discours sur la victoire qu'il a pleu à Dieu d'envoyer au Roy sur les hérétiques et rebelles. A monseigneur de Mandelot, gouverneur de Lyon, par Laurens de Bourg, Lyonnois. *Paris, Denis du Pré,* 1570, pet. in-8, non rel. (*Mouillures.*)

121. Remonstrance à la noblesse catholique de France qui tient le party du roy de Navarre. *Paris, Nic. Nivelle,* 1589, pet. in-8 de 32 pages non rel.

122. Cantique faict à l'honneur de Dieu, par Henry de Bourbon, III de ce nom, très-chrestien roy de France et de Navarre, après la bataille obtenue

sur les ligueurs en la plaine d'Ivry, le 14 de mars
1591. *Lyon, impr. par Louis Perrin, pour Tross,*
1863, in-8 de 8 pages, br.

Exemplaire imprimé sur PEAU VÉLIN.

123. Discours sur la vie et la mort d'Henry le
Grand, très-chrestien roy de France et de Navarre.... par G. Dupeyrat. *Paris, R. Estienne et
P. Chevalier*, 1611, in-8, parch. (*Exemplaire
grand de marges.*)

124. Procès du très-meschant et détestable parri-
cide Fr. Ravaillac, natif d'Angoulesme, publié
pour la première fois sur des manuscrits du temps,
par P. D. *Paris, Aug. Aubry*, 1858, pet. in-8,
portrait, cart. en percal. non rog.

125. Mémoires du duc de Sully. Nouvelle édition
(publiée par L'Ecluse des Loges). *Paris, Etienne
Ledoux*, 1827, 6 vol. in-8, avec 2 portr. demi-
rel. v. f.

126. Journal de monsieur le cardinal duc de Ri-
chelieu, qu'il a fait durant le grand orage de la
Cour, tiré des mémoires qu'il a escrits de sa main.
S. l., 1649, pet. in-12, parch. (*Piqûres d'humidité.*)

127. Tarif des droits du sceau, tant de 1672, 1674,
1691, que de l'augmentation de 1704..... pet.
in-4, mar. noir, fil. dos et coins fleurdelisés. tr.
dor. (*Rel. anc.*)

Manuscrit du XVIIIe siècle, sur vélin, d'une très-bonne écriture, contenant
96 pages.

128. Solde des troupes. Année 1689. In-4, mar. r.
fil. dos et coins fleurdelisés, tr. dor. (*Rel. anc.*)

Manuscrit du temps, bien écrit, contenant 157 pages.
Sur les coins de la reliure se trouvaient des fleurs de lis que l'on a presque
entièrement grattées.

129. Mémoires de M. de Torcy, pour servir à
l'histoire des négociations depuis le traité de
Ryswyck jusqu'à la paix d'Utrecht. *Londres,
Nourse et Vaillant*, 1757, 3 vol. pet. in-8, v. m.

130. Mémoires d'Etat, par M. de Villeroy. *Amsterdam*, 1725, 7 vol. pet. in–12, v. gran.

131. Recueil contenant les édits et déclarations du Roy sur l'établissement et confirmation de la jurisdiction des consuls en la ville de Paris et autres, et les ordonnances et arrests donnés en faveur de cette justice. *Paris, Denys Thierry*, 1705, 2 part. en 1 vol. in 4, mar. r. plats et dos ornés de fleurs de lis, tr. dor. (*Rel. anc. aux armes de la ville de Paris, surmontées des armes du Roi.*)

132. Carte topographique des environs de Chantilly.... par N. Delavigne, gravée par A. Coquart, 1725, une feuille gr. in-fol.

Imprimé sur peau de chevreau.

133. Essais historiques sur les régimens d'infanterie, cavalerie et dragons, par M. de Roussel. *Paris, Guillyn*, 1765-67, 10 vol. in-12, v. m. fil. tr. r. (*Kaufmann.*)

Recueil rare. Bel exemplaire.

134. Lettre d'un particulier de Beaucaire à un Toulousain de ses amis, au sujet de la foire qui se tient dans cette ville.... *Avignon, Jos. Roberty*, 1771, in-12, cart. non rog. (*Défaut dans le papier au titre.*)

135. Etat des officiers du Roy qui sont sous la charge du Grand–Maître de France. Année 1773, pet. in-18, mar. v. dent. et fleurd. dos orné (*Rel. anc.*)

Petit manuscrit de 1773, bien écrit, contenant 114 pages.

136. Etat militaire de France, pour l'année 1779, et pour l'année 1786, par M. de Roussel. *Paris, Onfroy*, 1779 et 1786, 2 vol. in-12, mar. r. fil. dos orné, tr. dor. (*Rel. anc.*)

137. Almanach royal, années 1781 et 1783. *Paris, d'Houry*, 2 vol. in-8, mar. r. large dent. compart. dos orné, tr. dor. (*Rel. anc.*)

Aux armes de SAVALETTE DE BUCHELAY, fermier général.

138. Mémoires du chevalier de Ravanne, page de S. A. R. le duc Régent, et mousquetaire. *Londres, Paris, Cuzin*, 1781, 4 vol. in-18, v. éc. fil. tr. dor.

139. Le Procès des trois rois, Louis XVI, de France-Bourbon, Charles III, d'Espagne-Bourbon, et George III, d'Hanovre, fabricant de boutons.... traduit de l'anglois (composé par Bouffonidor, attaché au chevalier Zeno, ambassadeur de Venise en France). *Londres*, 1781, pet. in-8, cart. non rogn.

140. Mémoires justificatifs de la comtesse de Valois de la Motte, écrits par elle-même. *Imprimés à Londres,* 1789, 2 part. en 1 vol. in-8. figure, v. gran. fil.

141. Mémoires de S. A. I. Louis-Antoine-Philippe de Montpensier, prince du sang. *Paris, Baudouin*, 1824, in-8, portrait, demi-rel. mar. bleu, n. rog.

142. Réimpression de l'ancien Moniteur, depuis la réunion des Etats généraux jusqu'au Consulat (mai 1789-novembre 1799, avec des notes explicatives, par M. Léonard Gallois). *Paris, au bureau central,* 1840-1847, 32 vol. avec l'introduction historique et la table, demi-rel. dos de toile.

143. Le Petit Almanach de nos grands hommes (par Rivarol et Champcenetz). 1788 (*Paris*), in-12, cart. non rog. (*Mouillures.*)

144. Advis fidelle aux véritables Hollandois, touchant ce qui s'est passé dans les villages de Bodegrave et Swammerdam, et les cruautés inouïes que les François y ont exercées. Avec un mémoire de la dernière marche de l'armée du Roy de France en Brabant et en Flandre (par de Wicquefort). *S. l. (Hollande, à la Sphère)*, 1673, in-4, figures gr. par Rom. de Hooghe, vél.

145. Le Victorial, chronique de don Pedro Niño, comte de Buelna, par Gutiere Diaz de Gomez son alferez (1379-1449), traduit de l'espagnol d'après le manuscrit, avec une introduction et des notes par le comte Albert de Circourt et le comte de Puymaigre. *Paris, Victor Palmé,* 1867, in-8, demi-rel. v. f. non rog.

146. Histoire des révolutions de Portugal, par M. l'abbé de Vertot. *Paris, Brunet,* 1711, in-12, front. gravé, pl. généalogique, mar. r. jans. dent. intér. tr. dor. (*Cuzin.*)

Bel exemplaire, grand de marges.

147. Histoire de Suède, avant et après la fondation de la monarchie, par M. le baron de Puffendorf. Nouvelle édition, continuée jusqu'à 1730. *Amsterdam, Zach. Châtelain,* 1732, 3 vol. in-12, portrait à chaque vol. mar. v. fil. dos orné, tr. dor.

Aux armes de madame VICTOIRE DE FRANCE, fille de Louis XV, avec l'écusson de sa bibliothèque à l'intérieur de la garde.

---

148. FIGURES DE LA BIBLE, de Mortier. In-fol. mar. br. tr. dor. (Premier tirage.)

CONDITIONS DE LA VENTE.

La vente se fera au comptant, 5 % en sus des enchères.

Il y aura, le jour de la vente, de DEUX heures à QUATRE, exposition des livres composant la vacation du soir.

Les réclamations devront être faites, au plus tard, dans les vingt-quatre heures qui suivront la vacation. Passé ce délai, les articles adjugés ne seront repris pour aucune cause.

Paris. — Typographie de Georges Chamerot, rue des Saints-Pères, 19.

www.ingramcontent.com/pod-product-compliance
Ingram Content Group UK Ltd.
Pitfield, Milton Keynes, MK11 3LW, UK
UKHW031715170726
13836UKWH00001B/256

20 Décembre 1895.

P

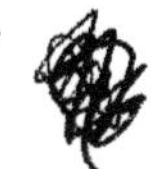

CATALOGUE

MOBILIER ARTISTIQUE

ANCIEN ET MODERNE

Bronzes d'Art, Porcelaines

Faïences, Objets d'Orient, Armes de chasse et anciennes

Objets de Vitrine, Miniatures

BELLES TAPISSERIES LOUIS XIV

DIAMANTS, BIJOUX, ARGENTERIE

Tableaux anciens et modernes

GRAVURES ANGLAISES

Le tout appartenant à M. X...

EXPOSITION PUBLIQUE, HOTEL DROUOT, SALLE N° 1

Le Jeudi 19 Décembre 1895

Et SALLE N° 10, le Dimanche 22 Décembre 1895

De 1 heure 1/2 à 5 heures 1/2

VENTE

Les Vendredi 20, Samedi 21, Lundi 23 et Mardi 24 Décembre 1895

COMMISSAIRE-PRISEUR	EXPERT
Mᵉ Maurice DELESTRE	**M. B. LASQUIN**
Rue Drouot, 27	*Rue Laffitte, 12*

PARIS - 1895

IMPRIMERIE MAULDE ᴇᴛ RENOU
—
MAULDE, DOUMENC & Cⁱᵉ
IMPRIMEURS DE LA COMPAGNIE DES COMMISSAIRES-PRISEURS
Rue de Rivoli, 144. — Paris

CATALOGUE

D'UN

MOBILIER ARTISTIQUE

ANCIEN ET MODERNE

BRONZES D'ART DE BARBEDIENNE ET DE DENIÈRE

Porcelaines anciennes de Chine et du Japon
Faïences françaises, hollandaises et italiennes, Objets d'Orient
Armes anciennes et de chasse
Objets de vitrine, Miniatures, Éventails

BELLES TAPISSERIES LOUIS XIV

Tentures, Tapis, Rideaux

DIAMANTS, BIJOUX, ARGENTERIE

PLAQUÉ

TABLEAUX ET AQUARELLES

Par Jules Boilly, Élie Delaunay
De Troy, Cornille Dusart, Gélibert, Largillière, Robert-Fleury
Et de différentes Écoles

BEAU PORTRAIT DE FEMME DU XVIᵉ SIÉCLE, GRAVURES ANGLAISES ET AUTRES

Le tout appartenant à **M. X...**

VENTE : HOTEL DROUOT, SALLE Nᵒ 1

Les Vendredi 20 et Samedi 21 Décembre 1895

A DEUX HEURES

SALLE Nᵒ 10, le Lundi 23 Décembre 1895

SALLE Nᵒ 12, le Mardi 24 Décembre 1895

Mᵉ Maurice **DELESTRE**	M. B. **LASQUIN**
COMMISSAIRE-PRISEUR	EXPERT
Rue Drouot, nᵒ 27	Rue Lafitte, nᵒ 12

CHEZ LESQUELS SE TROUVE LE PRÉSENT CATALOGUE

EXPOSITION PUBLIQUE

Le Jeudi 19 et le Dimanche 22 Décembre 1895

DE 1 HEURE 1/2 A 5 HEURES 1/2

CONDITIONS DE LA VENTE

—

Elle se fera au comptant.

Les Acquéreurs paieront CINQ POUR CENT en sus des adjudications.

L'Exposition mettant le public à même de se rendre compte de l'état des objets, il ne sera admis aucune réclamation, l'adjudication prononcée.

MAULDE, DOUMENC et Cⁱᵉ, imprimeurs de la Cⁱᵉ des Commissaires-Priseurs, rue de Rivoli, 144.   8oo—55113

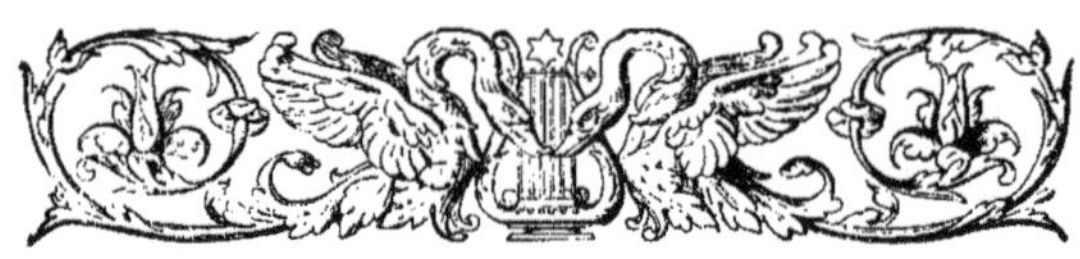

DÉSIGNATION

—

TABLEAUX & AQUARELLES

1 — **Aureli.** Vue du Forum. (Aquarelle.)

2 — **Battaglia** (Benjamin). Italienne. (Aquarelle.)

BELLANGÉ (Hippolyte).

3 — Le vieux Caporal. Un caporal de voltigeurs du premier Empire fait sauter sur ses genoux une petite fille accompagnée de deux autres enfants. (Jolie aquarelle.)

4 — **Boilly** (Jules). Une Vente publique au xviiie siècle

5 — **Boilly** (Jules). Une rue de Séville.

6 — **Boilly** (Jules). Porte de Tolède.

7 — **Boilly** (Jules). L'École, d'après Charlet.

8 — **Boilly** (Jules). Sainte Famille, d'après Valério Castelli.

9 — **Canella.** Le Bibliophile. (Aquarelle.)

DELAUNAY (Élie)

10 — Joseph Villard, baigneur à Uriage (octobre 1870). De profil à gauche. Belle étude provenant de la vente après décès du maître. (N° 78 du Catalogue.)

DE TROY

11 — Portraits d'une Famille sous Louis XV.

12 — **Du Gravier.** Sujets de chasse. Deux pendants.

DUSART (Cornille)

13 — Joueurs de boules au cabaret. Signé à droite.

ÉCOLE FLAMANDE (xvii° siècle)

14 — Portrait de Femme à mi-corps. Corsage noir à manches rouges. Elle tient un livre de la main gauche et, de l'autre main, le bout d'une ceinture d'or passée autour de la taille.

15 — **École flamande.** Le Repos de la Sainte Famille, avec concert d'anges. Cadre en bois sculpté.

16 — **École française** (xvii° siècle). Portrait d'Homme revêtu de la cuirasse. Forme ovale, cadre ancien en bois sculpté.

17 — **École française** (xviii° siècle). Portrait de Mᵐᵉ la comtesse de Lusse de Puis, princesse de Tingry. Représentée à mi-corps, de face, avec les attributs de pèlerine.

18 — **École française** (xviii° siècle). Portrait présumé de la duchesse du Maine, en buste.

19 — **École française.** La Fuite de Loth.

20 — **École vénitienne.** Portrait de Femme assise dans un fauteuil.

21 — **École espagnole.** Portrait d'Homme. De face, à mi-corps, vêtu de noir.

22 — **École espagnole.** Portrait d'Homme, en buste, coiffe à plumes ornée de pierreries. En haut : Rodul. II. Rom., imp.

GÉLIBERT

23 — Le Cerf forcé dans une mare.

24 — **Hondekoeter** (Attribué à). Poules, Poussins et Pigeons. (Collection du général RIBOURT.)

25 — **Lacroix**. Port de mer.

LARGILLIÈRE *Mignard*

26 — Renommée sur un nuage présentant le portrait de Louis XIV. *Vient de la vente Feuillet de Conches* Composition gravée.
Beau cadre Louis XVI à guirlandes en bois ~~noir~~ *doré*

1890

27 — **Mario di Fiori**. Vases de Fleurs.

28 — **Monnoyer** (Attribué à B.). Bouquets de Fleurs dans un vase. Deux pendants.

200

29 — **Noterman**. Trois Griffons.

30 — **Porbus** (Attribué à). Portrait de Femme en buste, costume à collerette et orné de perles.

ROBERT-FLEURY (1833)

31 — La mauvaise Nouvelle (Aquarelle).

Largillière 32 — **Rigaud** (Attribué à). Portrait d'Homme en buste coiffé de la grande perruque et vêtu d'un manteau rouge. Forme ovale. Cadre ancien. *A été gravé*

33 — **Tomba**. Le Messager (Aquarelle).

VOS (PAUL DE)

34 — Étal de Marchande de Fruits. La marchande, en corsage rouge, semble offrir des fruits : coings, pommes, figues, prunes, melons, artichauts, à une jeune femme blonde en robe bleue et jaune, qui tient d'une main une faucille, et de l'autre un panier de raisins. Belle composition d'une tonalité claire.

800

35 — **Zuccarelli.** Le Passage de la rivière. — Les Bergers. Deux pendants.

36 — Divers Tableaux et Dessins non catalogués.

GRAVURES

37 — **Callot**. Suite de douze Gravures, costumes de la noblesse de Lorraine (collection Chambry).

38 — Gravure anglaise en couleurs de HARRIS, d'après HERRING : *Course d'Ascot*, 12 juin 1845.

39 — Gravure anglaise en couleurs, d'après J.-P. WALKER, par HARRIS : *Four in Hand*.

40 — Gravure anglaise en couleurs, par HUNT, d'après J. SHAYER : *The Brighton Day mails Passing over Hookwood common.*

41 — Série de quatre Gravures anglaises en couleurs, d'après HERRING : *Fores's national sports.*

42 — Trois Gravures : Vues de Rome.

43 — Gravures diverses de sport.

44 — Gravures xviiie siècle, encadrées.

BRONZES D'ART & AMEUBLEMENT
CUIVRES

45 — Le Chanteur florentin, bronze de Barbedienne, d'après P. DUBOIS. Haut. 1m,15.

46 — Belle Pendule à cage en bronze ciselé et doré de style Louis XVI, surmontée d'un trophée à carquois et couronne de fleurs. Cadran émaillé, au nom de DENIÈRE.

47 — Deux beaux Chenets de même style, sphinx ailés en bronze patiné vert sur terrasses ornées de rinceaux en bronze doré.

48 — Pendule Louis XVI en bronze doré, le cadran posé sur un piédestal à médaillon ovale, et surmonté d'un vase de fleurs duquel retombent des guirlandes.

49 — Pendule Louis XVI en bois sculpté à guirlandes et attributs.

50 — Petite Pendule Empire en biscuit, surmontée d'une figure de Vénus assise, et ornée de motifs de bronze doré ou mat.

51 — Deux Candélabres style Louis XV à 5 lumières, beau modèle rocaille à figures d'enfants, en bronze ciselé et argenté.

52 — Deux Lustres en bronze doré garnis de cristaux, plaquettes et pièces d'enfillage.

53 — Deux grands Candélabres style Renaissance, en cuivre poli à dragons, et 8 branches porte-lumière.

54 — Grand Lustre hollandais en cuivre poli.

55 — Candélabres, Flambeaux en bronze doré.

56 — Petite Pendule style Louis XVI en onyx à ornements de bronze doré à consoles et guirlandes, et deux Girandoles à 2 lumières, à trépied, de même style.

57 — Applique en cuivre jaune repoussé.

58 — Paire de Candélabres en cuivre poli, genre Renaissance, à 4 lumières.

59 — Deux Vasques Louis XIII, en cuivre repoussé.

FAIENCES ANCIENNES

PORCELAINES

60 — Potiche ovoïde, côtelée, en ancienne faïence de Delft, décorée en couleurs.

61 — Plaques contournées en ancienne faïence de Delft, décor polychrome, avec bordure à coquilles en relief et sujet champêtre au centre.

62 — Porte-Huilier en faïence de Delft, décor de fleurs en bleu et rouge.

63 — Petits Plats et Plaques en faïence de Castelli.

64 — Assiette en faïence d'Urbino : Vénus et Vulcain.

65 — Jardinières Appliques en faïence de Moustiers, décor en couleurs.

66-70 — Assiettes et Compotiers en faïence ancienne de Rouen, de Strasbourg, de Moustiers et de Marseille.

71 — Faïences anciennes, Jardinières Appliques en faïence de Rouen, Huilier en Strasbourg, etc.

72 — Assiettes en faïence ancienne de diverses fabriques.

73 — Fontaine en faïence de Delft : Bacchus sur un tonneau.

74 — Vases et Potiches en faïence de Delft, décor bleu.

75 — Faïences artistiques modernes.

76 — Verrerie artistique, avec montures en argenture.

77 — Lampes en faïence de Deck.

78 — Seau à glace en porcelaine de la fabrique du Duc d'Angoulême, à décor de fleurs et or.

PORCELAINES ANCIENNES

DE CHINE ET DU JAPON

79 — Deux grandes et belles Potiches en vieux Japon, décorées en couleurs, d'abustes fleuris et d'oiseaux, avec lambrequin à arabesques en bleu bordé de noir.

80 — Deux Potiches à couvercles en vieux Japon, décor en couleurs.

81-83 — Potiches en ancienne porcelaine du Japon, de décor variés en couleurs et or.

84 — Potiche en vieux Chine, fond bleu de Perse, décor en dorure.

85 — Vasque ronde en porcelaine de Chine fond noir : ornements en relief.

86-95 — Grand nombre de Plats et Assiettes en ancienne porcelaine de Chine, du Japon et de la Compagnie des Indes, de décors variés.

96 — Pièces diverses en ancienne porcelaine de Chine et du Japon.

OBJETS D'ORIENT

ÉMAUX CLOISONNÉS, BRONZES

97 — Deux grands Vases, forme balustre en émail cloisonné garnis de bronzes.

98 — Deux Vases en bronze japonais.

98 *bis*. — Plateau ovale en bois de fer incrusté de nacre, travail tonkinois.

99-101 — Petits Vases et Boîtes en émail cloisonné de Chine.

102 — Bronzes japonais.

103 — Netzukés japonais en ivoire.

ARMES ANCIENNES

FUSILS DE CHASSE

104 — Fusil Lefaucheux à percussion centrale, dans son étui.

105 — Fusil de chasse dans son étui.

106 — Plusieurs Fusils de chasse.

107 — Carabines de salon et de jardin.

108-112 — Armes anciennes : Mousquet, Fusil de chasse Louis XV, Hallebarde, Épées.

OBJETS DE VITRINE, MINIATURES
ET DIVERS

113 — Boîte oblongue et plate en cuivre doré, avec couvercle en ancien émail de Saxe. Scène pastorale.

114 — Miniature ronde, Portrait de jeune Femme en costume Louis XVI, robe blanche et large chapeau noir à plumes.

115 — Miniature ovale, Portrait de jeune Fille et d'un Enfant tenant un nid d'oiseau. Signée DELOUY, 1782.

116 — Miniature ronde, Portrait de jeune Femme assise, en robe rouge, le bras gauche accoudé sur une console.

117 — Miniature ovale, Portrait de jeune Femme en pied, le bras gauche accoudé sur un piédestal.

118 — Petit Médaillon ovale contenant deux émaux : Portrait de Femme et Portrait d'Homme du temps de Louis XV.

119 — Boîte ronde Louis XVI avec miniatures, Jeune Femme portant une colombe.

120 — Boîte ronde en ivoire avec miniature, Portrait de jeune Femme Louis XVI en buste, coiffée d'un bonnet à ruban bleu.

121 — Boîte ronde en ivoire avec miniature, Perrette et le Pot au lait.

122 — Boîte ronde en écaille piquée d'argent avec miniature, Portrait de Femme en costume Louis XVI à corsage bleu.

123 — Boîte ronde en écaille noir avec Portrait de jeune Femme en buste à corsage décolleté.

124 — Boîte ronde cerclée avec tête de Femme en grisaille et une petite Boîte ronde en ivoire.

125 — Miniature ronde en grisaille, la Balançoire.

126 — Miniature ovale, Portrait d'une Princesse de l'époque Louis XVI, en costume de Cour.

127 — Miniature ovale, Portrait de jeune Femme en buste avec rose au corsage.

128 — Miniature ovale, Portrait de jeune Fille du temps de l'Empire.

129 — Miniature ronde, sujet de six Figures dans un intérieur Louis XVI.

130 — Miniature, Portrait d'Homme.

131 — Miniatures anciennes et modernes.

132 — Objets de vitrine.

133 — Éventails Louis XV et Louis XVI.

134 — Divers Objets de maroquinerie et Garnitures de bureau.

135 — Objets d'étagère.

136 — Soupière Louis XV en étain.

137-138 — Deux Guitares dont une de LACOTE.

MEUBLES ANCIENS ET MODERNES

139 — Meuble Ducerceau à colonnettes, en bois sculpté.

140 — Armoire normande Louis XVI, en bois sculpté à fleurs.

141 — Petite Commode Louis XVI, à trois tiroirs, en acajou, avec porte sur les côtés.

142 — Commode Louis XIV, en bois de placage garnie de bronze, angles cannelés de cuivre.

143 — Commode Régence, à trois tiroirs à contours, garnie de chutes de poignées et d'ornements rocaille en bronze doré.

144 — Pendule Louis XIV et son socle de suspension, en marqueterie de cuivre.

145 — Crédence style Louis XIII, en chêne sculpté.

146 — Deux Vitrines étroites, genre Louis XV, en bois doré.

147 — Paravent à quatre feuilles, en bois sculpté, orné de broderies du xvie siècle sur fond de velours rouge.

148 — Deux Vitrines style Louis XV, en bois de placage et marqueterie à fleurs, garnies de bronzes.

149 — **PIANO** droit d'Erard, en palissandre, 58687.

150 — Table italienne, en bois incrusté de travail italien.

151 — Petites Tables style Louis XV, en noyer sculpté rehaussé de dorure.

152 — Table genre Louis XVI, en palissandre sculpté et ciré.

153 — Petit Meuble italien, genre Renaissance, en bois sculpté.

154 — Cabinet Louis XIII, en marqueterie de bois à filets.

155 — Tabouret formé d'un négrillon, en bois sculpté, dessus en tapisserie.

156 — Un petit Canapé et deux Fauteuils Renaissance, en noyer sculpté à têtes de béliers, garnis de velours galonné.

157 — Sièges style Renaissance, forme X, en bois sculpté.

158 — Fauteuils en moquette orientale.

159 — Grand Canapé en satin noir capitonné .

160 — Fauteuils et Sièges divers garnis de soierie de velours et de soie.

161 — Deux Fauteuils italiens, en bois noir et incrustation d'ivoire.

162 — Meuble de salon style Louis XV, en bois laqué, garni de soie.

163 — Petit Canapé Louis XVI, en bois sculpté, garni de soie bleue.

164 — Canapé style Régence, en bois doré, garni de soie.

165 — Fauteuils Renaissance, en bois sculpté.

166 — Écran ovale à monture, style Louis XVI et feuille en broderie.

167 — Deux Chaises Louis XVI, en bois laqué vert et or, sculptées à lauriers et garnies de canne.

168 — Douze Chaises de salle à manger en chêne, garnies de moquette bouclée à fleurs.

169 — Table de salle à manger à huit rallonges, Buffet
à deux corps et deux Dressoirs en chêne sculpté, à
colonnettes tournées.

170 — Baromètre Louis XVI, en bois doré.

171 — Consoles appliques en bois doré.

172 — Encoignure à contours, en bois mouluré.

173 — Support chinois, en bois de fer sculpté.

174 — Tables turques en incrustation de nacre.

175 — Petit Cabinet en laque de Chine.

176 — Lits Louis XVI en bois laqué blanc.

177 — Lit en palissandre.

178 — Miroir forme ovale, avec cadre en bois sculpté.

179-181 — Glaces diverses.

182 — Miroirs italiens à bordure en bois sculpté.

183 — Fûts de colonnes.

184 — Meubles divers.

185 — Meubles en pitchpin.

186 — Chambres de domestiques.

187 — Vaisselle, Verrerie.

188 — Literie.

TAPISSERIES ANCIENNES
TENTURES, RIDEAUX, TAPIS

189 — Belle Tapisserie flamande du temps de L. XIV,
représentant le sujet allégorique de l'Automne, dans

un beau paysage. Bordure à cadre d'ornements imitant la dorure, avec trophées de carquois.

190 — Grande Tapisserie de Flandre du xviie siècle, représentant Diane et ses suivantes dans un beau paysage boisé avec arbustes de fleurs au premier plan ; rivière et collines en perspective. Bordure à cadre décoré de coquilles.

191 — Portière en tapisserie d'Aubusson du xviie siècle. Sujet de verdure à grands arbres, encadrée d'une jolie bordure à rinceaux et oiseaux.

192 — Deux Bandes en tapisserie d'Aubusson du xviie siècle, à paysages, dans des cartouches et ornements de fleurs.

193 — Dix Bandes en satin rouge brodé appliqué d'ornements en soie et broderie du xvie siècle.

194 — Grand nombre de Rideaux de salon, de salle à manger et de chambre à coucher en soie, peluche, velours, broderie et cretonne.

195 — Tapis de Table en crêpe de Chine, brodé à fleurs.

196 — Tapis de Smyrne, tapis chinois.

DIAMANTS ET BIJOUX

197 — Bracelet composé de seize marguerites enlacées de feuillages en brillants.

198 — Trois Broches : marguerites montées de brillants.

199 — Broche de corsage composée de feuillages, palmes et enroulements garnis de brillants.

200 — Tour de cou à quatre rangées de petites perles.

201 — Bague marquise, en or, pavée de brillants.

202 — Bague d'or, montée d'une perle entourée de petits brillants.

203 — Bague d'or avec une turquoise et deux brillants.

204 — Bague d'or montée de sept brillants.

205 — Trois Bagues serpents en or, l'une avec deux brillants et une autre avec yeux en rubis.

206 — Trois Bagues serpents en or, l'une ornée d'un brillant et d'un saphir.

207 — Trois Bagues : l'une, en or et platine, garnie d'un brillant et d'un saphir ; l'autre, guillochée, garnie d'un rubis et de deux brillants, et la troisième de six petites pierres.

208 — Deux Bagues d'or : l'une avec un brillant et deux saphirs, l'autre avec trois cabochons saphirs.

209 — Deux Bagues anciennes ornées de pierres.

210 — Deux Bagues d'or, garnies chacune d'une turquoise.

211 — Bague avec rubis cabochons.

212 — Bague serpent en platine, forme serpent avec un brillant sur la tête.

213 — Bague anneau d'or, montée d'un rubis et de deux petits brillants.

214 — Petite Bague d'or, ornée d'un brillant.

215 — Deux Bagues d'or avec œil de chat.

216 — Bague d'or avec cabochon.

217 — Deux Bagues d'or avec aigue marine gravée.

218 — **Trois Bagues** torsades en or, ornées de brillants et de rubis.

219 — Bague d'or, garnie de deux perles, deux rubis et deux turquoises.

220 — Deux Bagues d'or : l'une en forme de clou, l'autre hexagone avec turquoises.

221 — Deux Bagues anneaux d'or : l'une, garnie de grenats ; l'autre de corail.

222 — Deux Bagues genre ancien : l'une, émaillée avec couronne perles et rubis ; l'autre, avec camée entouré de jargons.

223 — Bague anneau d'or, ciselée à rinceaux.

224 — Bague d'or et platine, garnie d'une turquoise et de deux brillants.

225 — Quatre Bagues d'or, dont trois intailles et un camée.

226 — Bague d'or avec intaille en jaspe, gravée à inscriptions orientales.

227 — Deux Bagues anciennes en or, avec intailles antiques et garnies de roses.

228 — Bague d'or ancienne, montée de rubis et d'émeraudes.

229 — Montre Louis XVI, en or ciselé, avec petit émail, tête de jeune femme entourée de perles.

230 — Deux Pendantifs, une paire de Boucles d'oreilles garnies de strass.

231 — Une Boucle et un Pendantif garnis de strass, et une Broche ornée de marcassites.

232 — Pendantif normand en or, garni de marcassites.

233 — Broche ronde formée de feuillages en roses avec
six petites perles.

234 — Petit Tour de cou en or, émaillé noir avec perles.

235 — Médaillon ovale en onyx, avec chiffre en or
garni de roses.

236 — Collier genre ancien en argent monté de pierres.

237 — Épingle de cravate or avec perle.

238 — Quatre Épingles de cravate en or avec camée,
œil de chat, fer à cheval pavé de pierres.

239 — Neuf pièces : Broche et Boucles d'oreilles en or,
filigrane et lapis, une Broche-Médaillon, deux Boucles d'oreilles, deux autres Boucles d'oreilles en filigrane, et deux Boucles d'oreilles sequins.

240 — Deux Boutons de manchettes en or repercé.

241 — Pendantif normand en trois parties, or découpé.

242 — Une Broche écusson en filigrane et strass.

243 — Bracelet formé de trois anneaux or garni de
roses, émeraudes et rubis.

244 — Petite Broche ronde en jais avec une rose.

245 — Un Collier et un Bracelet en or et filigrane avec
petites turquoises et perles.

246 — Une Croix en or repercé à jour avec perles.

247 — Quatre pièces : Un Peigne écaille et perles, galerie
de Peigne en corail, et deux Épingles avec perles.

248 — Trois Épingles de coiffure anciennes, garnies de
pierres.

249 — Un Flacon à sels, garni en or, et une Montre en argent.

250 — Bracelet serpent en or.

251 — Boucle ronde en or guilloché.

252 — Épingle de cravate or avec poire en corail et petites perles.

253 — Collier genre Renaissance, argent ajouré avec grenats.

ARGENTERIE ET PLAQUÉ

ARGENTERIE

254 — Grande Corbeille ovale forme Louis XIV, en argent repoussé, bord à contours. (Double fond en plaqué.)

255 — Grande Corbeille ovale à deux anses à ornements Louis XV repoussés, tels que mascarons, feuillages, quadrillages et rocailles en argent.

256 — Plateau de surtout en trois parties, de forme contournée Louis XV, avec bordure en argent ciselé à rocaille.

257 — Broc à couvercle à rosace et guirlande.

258 — Deux Saucières coquilles sur plateaux argent repoussé à côtes et écusson.

259 — Cafetière Louis XV, à côtes en spirale et ornements rocaille.

260 — Saucière à deux becs sur plateau argent.

261 — Un Vidercome Louis XIII, en argent repoussé
à médaillons, bustes et fleurs.

262 — Deux Vases à fleurs, forme balustre en argent.

263 — Un grand Plat ovale à couleurs.

264 — Deux Plats ronds à couleurs.

265 — Un Plat moyen.

266 — Un petit Plat en argent.

267 — Écritoire en argent repoussé, de travail anglais,
formé d'un plateau hexagone à deux anses et portant
au centre un petit flambeau.

268 — Théière, Sucrier et Pot à crème, forme Louis XV,
à ornements en relief.

269 — Quatre Bouts-de-Table argent et un Porte cure-
dents.

270 — Deux Timbales : l'une en vermeil, l'autre en
argent.

271 — Beurrier ovale à couvercle repoussé. Orfèvrerie
allemande.

272 — Gobelet Louis XIV, en argent gravé.

273 — Deux Moutardiers. Style Louis XVI, en argent.

274 — Quatre Salières rondes, argent guilloché.

275 — Deux Porte-cure-dents, forme vase en argent.

276 — Deux Salières rondes Empire, à guirlandes.

277 — Une petite Salière double et une petite Corbeille
forme Louis XV, une Cassolette ancienne en argent
et une Cuiller à fruits.

278 — Un Porte-Tasse présentoir Louis XV, en argent.

279 — Cinq petits Plateaux ovales en argent décorés de sujets variés.

280 — Une petite Écuelle à anses plates et deux petites Coupes argent repoussé, style Louis XIV.

281 — Une Coupe ovale à piédouche et une autre côtelée.

282 — Cafetière forme persane, en vermeil.

283 — Cafetière forme persane, en argent guilloché.

284 — Dix-huit petites Casseroles en argent.

285 — Un Poêlon en argent et un Pot à crème.

286 — Un Sucrier forme vase, argent et cristal.

287 — Deux Coupes hexagones à contours en argent repoussé, à godrons et ciselé.

288 — Drageoir à trois coupes et une anse en argent repoussé.

289 — Trois Raviers ovales quadrilobées, en argent uni, fond en vermeil.

290 — Un Porte-Tartines, en argent.

290 *bis* — Une Coupe double à confiserie.

291 — Une Théière conique et son réchaud, argent uni.

292 — Service de table en argent à décor, genre Louis XV, à coquilles, comprenant : 18 Cuillers ; 36 Fourchettes ; 18 Cuillers et 18 Fourchettes à entremets ;
18 Cuillers à café.

293 — 1 Cuiller à sucre en vermeil.

294 — 15 Cuillers et 24 Fourchettes de table, en argent, à filets.

295 — 12 Cuillers à café, argent.

296 — 12 Cuillers et 12 Fourchettes à entremets.

297 — 54 Couteaux de table, à manche d'ivoire ;
24 Couteaux à dessert, à manche d'ivoire et lame d'argent ;
24 autres à lame d'acier.

298 — 6 Fourchettes à huîtres, en argent.

299 — 1 Couvert à salade, en argent et vermeil.

300 — Ciseaux à raisin, en argent, et une Pince à olives.

301 — Marmite en terre, garnie en argent, style Louis XV.

PLAQUÉ

302 — Écuelle et deux petits Plats ronds en plaqué de Christofle ;
1 petit Plateau à lettres ;
1 Réchaud ovale et 2 Réchauds ronds en plaqué ;
2 Légumiers ovales à couvercles, forme contournée ;
1 Broc à eau, en plaqué de Christofle ;
6 Dessous de carafe ;
6 autres Dessous de carafe ornés ;
2 Seaux à glace et 1 Réchaud ;
Bouilloire et son Réchaud, en plaqué de Christofle ;
Petite Théière bouilloire ;
2 Verrières Louis XV, en plaqué.

VINS FINS

www.ingramcontent.com/pod-product-compliance
Ingram Content Group UK Ltd.
Pitfield, Milton Keynes, MK11 3LW, UK
UKHW031715170726
13836UKWH00001B/257